Rudolf Bauer • Deutsche und Holländer

Rudolf Bauer

Deutsche und Holländer

Verheimlichte Freundschaften

CORNELIA GOETHE
LITERATURVERLAG
IM GROSSEN HIRSCHGRABEN ZU
FRANKFURT A/M

Das Programm des Verlages widmet sich aus seiner historischen Verpflichtung heraus der Literatur neuer Autoren. Das Lektorat nimmt daher Manuskripte an, um deren Einsendung das gebildete Publikum gebeten wird.

©2005 CORNELIA GOETHE LITERATURVERLAG FRANKFURT AM MAIN
Ein Imprintverlag des Frankfurter Literaturverlags GmbH
Ein Unternehmen der Holding
FRANKFURTER VERLAGSGRUPPE
AKTIENGESELLSCHAFT AUGUST VON GOETHE
In der Straße des Goethehauses/Großer Hirschgraben 15
D-60311 Frankfurt a/M
Tel. 069-40-894-0 ❋ Fax 069-40-894-194

www.cornelia-goethe-verlag.de
www.haensel-hohenhausen.de
www.fouque-verlag.de
www.ixlibris.de

Die Deutsche Bibliothek – CIP-Einheitsaufnahme
Ein Titeldatensatz für diese Publikation ist bei der Deutschen Bibliothek erhältlich.

Satz und Lektorat: Jörg Frank
ISBN 3-86548-264-3

Die Drucklegung dieses Buches wurde gefördert mit Mitteln der Friedrich-Ebert-Stiftung.

Die Autoren des Verlags unterstützen das Albert-Schweitzer-Kinderdorf in Hessen e.V., das verlassenen Kindern ein Zuhause gibt.
Wenn Sie sich als Leser an dieser Förderung beteiligen möchten, überweisen Sie bitte einen – auch gern geringen – Beitrag an die Sparkasse Hanau, Kto. 19380, BLZ 506 500 23,
mit dem Stichwort „Literatur verbindet". Die Autoren und der Verlag danken Ihnen dafür!

Printed in Germany

Inhalt

Späte Freundschaft mit den „Nieder-Landen"

Es war nicht Liebe auf den ersten Blick

Auf Kirchtürmen haben wir – mit Funkgeräten oder als Luftwache – gestanden und über das Land geschaut. Über eine Landschaft gleichsam ohne Grenzen. „Nieder-Lande" eben. Ein ungewöhnlicher Anblick für einen jungen Mann, der in der Mittelgebirgslandschaft an Rhein und Mosel herangewachsen ist. Dort Berge, hier als einzige Erhebungen Kirchtürme und Bauernhöfe. Viel Himmel. Viel Erde. Viel Platz für die von einem anscheinend ständigen Wind getriebenen Wolken. Der Horizont irgendwo in einer verschwimmenden Ferne.

Es heißt, in solcher Offenheit und Weite atme der Mensch leichter und freier. Bedaure, ich habe es anders empfunden. Zunächst jedenfalls, aber nur zunächst. Ein Blick ohne Begrenzung war mir bis zur Ankunft in den Niederlanden unbekannt. Meine Augen und die meiner Altersgenossen hatten damals nur die nähere Umgebung der Heimat gesehen. Durch Reisen die Welt kennen zu lernen – dieses Glück war erst später zu erleben und wurde schließlich eine schöne Selbstverständlichkeit.

Meine Augen jedenfalls hatten sich in der Umgebung der Berge von Eifel, Hunsrück, Taunus und Westerwald wohl gefühlt. Wenn ich in Koblenz am Rhein stand, die damals schon mehr als 1100 Jahre alte Kastorkirche im Rücken, konnte ich nur bis zur Festung Ehrenbreitstein auf der gegenüber liegenden Rheinseite sehen. 150 Meter hoch. Rhein auf- und abwärts bis zur nächsten Biegung des Stroms. Ende. Auch der Blick von einem Berg in der Eifel oder im Hunsrück stößt bald gegen andere Erhebungen. Und ich fand das schön so. Was sollte ich nun mit der schier endlosen Ebene der Niederlande anfangen?

All meine Sinne sagten mir: Langweilig, fad, macht nicht neugierig, nirgendwo ein Halt.

Aber irgendwann habe ich begriffen, daß diese Weite Kraft hat. Weder der Himmel, noch die Erde, noch der Horizont sind langweilig oder fad. Sie sind bunt und lebendig. Und in der Weite liegt Gelassenheit. Wer es begriffen hat, muß zur Bestätigung nicht auf einen Kirchturm steigen. Mit 19 Jahren beispielsweise zum ersten Mal im Leben auf das endlos wirkende Meer zu schauen, seine Bewegung zu hören und zu sehen, die Salzluft zu atmen und zu schmecken – das war überwältigend. Dieses Bekenntnis gilt, auch wenn Jüngere darüber staunen mögen, weil sie schon als Kleinkinder am Meer waren.

Renaissance-Rathäuser und prachtvolle Kirchen überbieten sich in ihrer Schönheit. Gewiß sind sie auch Dokumente selbstbewußter Bürgerschaften, die ihren Wohlstand zeigen wollten und in Eitelkeit miteinander wetteiferten. Insofern sind nicht alle großen Kirchen Zeugnisse einer tiefen Frömmigkeit in vergangenen Jahrhunderten. Doch das gilt nicht nur für die Niederlande. Wie auch immer: Die Schönheit der Gottes- und Bürgerhäuser in holländischen Städten, Städtchen und Dörfern verdient Bewunderung. Sie sind immer noch daran beteiligt, das Bild des Landes zu prägen. Genau so wie die Windmühlen, die zum Land passen und eine Wohltat für das Auge sind – im Gegensatz zu ihren modernen Nachfolgern, den Stromerzeugern auf hohen Beton-Stangen.

An einer Gracht zu stehen, ein Glockenspiel zu hören, die Schönheit eines alten Bürgerhauses zu bewundern oder die Weite des Landes einfach aufzunehmen, sich an der Farbenpracht von Tulpen- und Narzissenfeldern zu erfreuen, gegen elf Uhr am Vormittag ein Kopje Koffie – das alles gehört zu den Niederlanden und macht sie liebenswert. Ich habe es erst nach einiger Zeit begriffen, ein paar Monate habe ich gebraucht. Es war also nicht Liebe auf den ersten Blick. Aber es wurde eine langlebige, starke Freundschaft – gefestigt durch die große Kunst der Niederländer im ausgehenden Mittelalter; in der Musik, in der Malerei, in der Philosophie.

Auch mit der Nase ist Holland zu erforschen. Der Duft niederländischer Zigarren beispielsweise hat eine sehr eigene Note. Geschmacksache sozusagen. Er mag fremd sein, aber er ist auch charakteristisch: Wo Holländer holländische Zigarren rauchen, erkennt man sie am Duft. Hingegen freute sich meine Nase, wenn wir – als Soldaten etwa in Culemborg oder Loenen – in eine Gastwirtschaft kamen. Über allem lag ein Duft nach schwarzem Tee, verbunden mit dem Geruch aus den typischen und für uns Deutsche fremden Teppichen auf den Tischen. Wunderbar. Beruhigend und anregend zugleich. Dieser Duft ist später weithin verschwunden. Vielleicht ist er einer Globalisierung der Düfte zum Opfer gefallen. Schade.

Und das Licht! Wer von Westdeutschland in die Niederlande fährt, sieht spätestens zwischen Utrecht und Amsterdam, daß das Licht anders ist. Heller, klarer. Manche sagen, es sei dünn. Richtiger ist wohl: schlank und zart, eher silbern als golden. Es begegnet auch dem Betrachter von Bildern niederländischer Maler.

Von dem Maler Johann Heinrich Wilhelm Tischbein (1751-1829) stammt ein beachtenswertes Zitat über die Holländer. Er hat immerhin einige Jahre in Rom gelebt und ist mit Goethe nach Neapel gereist; unter anderem hat er das Bild „Goethe in der Campagna“ gemalt. Über die Niederlande hat er geschrieben: „Man muß auch den Geschmack der Holländer bewundern, wie sie aus einer armseligen sterilen Gegend ein Bild haben schaffen können, das Anmut und Seele hat“. Dieses Urteil eines kompetenten Mannes enthält beides: Das Flache, das auf den ersten Blick langweilig wirken mag, und das Anmutige, das Schöne, das es zu entdecken lohnt.

Die ersten Schritte des Weges waren nicht einfach. Aber: Aus schönen, jedoch verbotenen und deshalb verschwiegenen Freundschaften wurde eine große Freundschaft zu den benachbarten Niederlanden.

Begegnungen

Niederländer und deutsche Soldaten
Schwierige Verwandtschaft

Der letzte Brief kam zurück. „Unzustellbar. Adressat verstorben." Das war das Ende einer Jahrzehnte alten Freundschaft. Es war die letzte vieler Freundschaften, über die lange keiner der Beteiligten gesprochen hat; denn es waren Freundschaften, die im Zweiten Weltkrieg entstanden waren – in den Niederlanden, zwischen deutschen Soldaten und Einheimischen. In Loenen an der Vecht zum Beispiel, dem schönen kleinen Ort auf halbem Weg zwischen Utrecht und Amsterdam, in Oudendijk bei Woudrichem am Waal, in Meerkerk, in Oegstgeest. Verbotene Freundschaften. Verheimlichte Freundschaften.

Freundschaft mitten im Haß des Krieges und unter den besonders komplizierten Bedingungen in den Niederlanden? Eigentlich kaum zu glauben. Auch mehr als ein halbes Jahrhundert nach Kriegsende ist ja bei manchen Gelegenheiten – nicht nur anläßlich von Fußballspielen, sondern auch an Ferienstränden – zu erleben, daß viele Niederländer die „großen" Verwandten und Nachbarn nicht gerade ins Herz geschlossen haben. Dabei möchten Deutsche doch geliebt werden.

Gewiß, die Nachbarn, also die Deutschen, sind mit militärischer Macht hinterhältig ins Land eingefallen, haben die Menschen drangsaliert und verfolgt. Aber inzwischen ist die Frage erlaubt, ob die Erinnerung daran von Generation zu Generation emotionsbeladen weitergegeben werden muß, so daß beispielsweise holländische Kinder deutsche Besucher mit der erhobenen Nazi-Hand grüßen. Sie müssen es ja von jemandem gelernt haben.

Aber auch dies ist zu bedenken: Manche Deutsche treten in den Niederlanden großspurig und großmäulig auf – besonders als Horde, aber nicht nur dann. Das macht nicht beliebt. Im Gegenteil: Die Meinung oder das Vorurteil wird gefördert, so seien sie nun einmal, die Deutschen. Mag sein, daß anderen Völkern mehr Nachsicht und Verständnis entgegen gebracht wird. Aber andere Völker haben auch eine andere Geschichte mit den Niederlanden. Sogar die blutige Unterdrückung durch die Spanier ist lange vergessen. Ein Blick in die Geschichtsbücher belegt, wie grimmig und blutig die Auseinandersetzung geführt worden ist:

Nachdem die Niederlande 1555 an den spanischen Habsburger Philipp II. gefallen waren, versuchte dieser, den Calvinismus in den niederländischen Provinzen „mit Feuer und Schwert“ (Verdi: Don Carlos) auszurotten sowie die ständische Verfassung aufzuheben. Herzog Alba griff 1566 brutal durch. Egmont, der sich als Statthalter von Flandern und Artois der Opposition gegen die Spanier angeschlossen hatte, wurde hingerichtet. Doch die „Geusen“, wie sich die niederländischen Freiheitskämpfer nannten, hielten durch. Wilhelm von Nassau-Oranien übernahm die politische Führung der Aufständischen, die sich schließlich gegen die Spanier behaupteten.

Geschichte. Fast 500 Jahre alt. Es war eine grausame Zeit, voller Schrecken für die Niederländer. Aber sie führte – erfreulicherweise – nicht zu einer so genannten Erbfeindschaft, wie sie über viele Generationen Deutschen und Franzosen eingeredet worden ist. Spanien ist weit weg. Sie sind keine Nachbarn. Und: Spanier sind keine „Verwandte“ der Niederländer. Krach in der Familie ist ja bekanntermaßen besonders unangenehm und langlebig. Das Zusammen- oder Nebeneinanderleben der Deutschen und der Niederländer war in der zweiten Hälfte des 20. Jahrhunderts von Spannung geprägt. Sie war gespeist von schlimmen Erlebnissen, aber auch von Ablehnung.

In solcher Stimmungslage war es kaum möglich, von Freundschaften zu erzählen – von Freundschaften ausgerechnet zwischen deutschen Besatzungssoldaten und Niederländern. Diesen Freundschaften, so glaubten wir, die Beteiligten, erweise man den besten Dienst, indem man über sie schwiege.

Während des Pastoral-Konzils der katholischen Kirche in den Niederlanden – Ende der 60-er Jahre und Anfang der 70-er Jahre –, das ich als Journalist beobachtet und begleitet habe, fand ich unter den niederländischen Kollegen zwei neue Freunde; einer war noch Student, der andere so alt wie ich. Wir haben bis tief in die Nächte zusammen gesessen und diskutiert – über das Verhältnis zwischen Deutschen und Niederländern, über die Unterschiede und die Gemeinsamkeiten, über Zweifelhaftes und Positives auf beiden Seiten, über den Krieg und dessen Folgen.

Wir haben sehr offen miteinander gesprochen. Über fast alles. Über eines jedoch nicht: Ich habe mich nicht getraut, ihnen zu sagen, daß ich als Soldat von Februar 1943 bis Mai 1945 in den Niederlanden war, und daß ich in dieser Zeit Freundschaften erlebt habe; für einen Augenblick, für eine Stunde, aber auch langlebige Freundschaften. Denn ich habe gefürchtet, daß ich bei den neuen Freunden auf Unverständnis, vor allem auf Unglauben stoßen müßte, daß unsere Gespräche ihre Qualität verlieren würden, und daß die neue Freundschaft am Ende wäre.

Konnten und wollten sie mir glauben, was ich ihnen über meine Zeit, meine Begegnungen, meine Erfahrungen und meine Erlebnisse in den Niederlanden zu erzählen gehabt hätte? Es ging ja nicht nur um das Verhalten junger deutscher Soldaten, sondern genau so um die Offenheit von Niederländern, die bereit waren, uns als Menschen und nicht als Feinde zu sehen. Bei vielen ihrer Landsleute konnten sie dafür nicht mit Verständnis rechnen.

Auch gegenüber späteren Pensionswirten, etwa auf Texel, habe ich „meine Geschichte mit Holländern" nicht erwähnt, weil ich glaubte, so sei es besser für unser gutes Verhältnis miteinander.

Und die Deutschen, meine Landsleute? Viele hätten wohl gemeint, ich wolle mit meiner Geschichte dem Krieg eine menschliche, freundliche Seite abgewinnen, vielleicht eine heitere Geschichte aus der Etappe, dem Hinterland der Schießerei, schreiben – fern vom Töten, Zerstören, Verwundetwerden, von Blut und Haß, von Schreien und Sterben.

Nichts davon. Der Haß, den der Zweite Weltkrieg erzeugt hat, kannte kein Hinterland, keine Etappe, und Krieg hat keine schönen Seiten. Er ist unmenschlich, er verdirbt Menschen, und er zerstört Menschlichkeit.

Aber – und nur darum geht es in diesem kleinen Buch, einer Ergänzung der offiziellen, niedergeschriebenen Geschichte:

Freundschaft war möglich, mitten im Haß, auch in den Niederlanden.

Freundschaft war möglich zwischen Menschen, die im Sprachgebrauch des Krieges wechselseitig Feinde hießen, Freundschaften, für die beide Seiten dankbar waren.

Heute kann die Geschichte erzählt werden – einfach so, wie sie sich ereignet hat. Mehr als genug Zeit ist vergangen. Es geht um das Erzählen von Stationen der Freundschaft, die im Krieg und umgeben von Haß – manchmal vorsichtig – Menschen einander näher gebracht hat.

Heutige und künftige Historiker finden dies nicht in offiziellen Unterlagen; nicht im Wehrmachtsbericht und nicht in Akten. In Geschichtsbüchern wird es nicht einmal eine Fußnote sein. Aber es handelt sich um erlebte, wahre und auch wichtige Geschichte – um überraschende und beglückende Geschichte von Menschen und Menschlichkeit.

PS: Die Bezeichnungen „Holland“ und „Niederlande“ oder „holländisch“ und „niederländisch“ verwende ich nicht politisch korrekt, sondern ein wenig locker nach deutschem Sprachgebrauch und auch im Bemühen um Wechsel im Ausdruck. Wer das Land nur ein bißchen kennt, weiß zu unterscheiden: Das ganze Land sind die Niederlande, Holland aber meint nur die beiden Provinzen Nord- und Südholland entlang der Küste. Eigentlich. Da ich mich nicht konsequent daran halte, bitte ich alle Kenner, besonders die niederländischen Nachbarn, um Verständnis. Es handelt sich nicht um mangelnden Respekt.

Halo – Hangt alle landverraders op

Geheime Gemeinsamkeit
Adieu Saskia

Wir nannten sie „Saskia". Die Siebzehnjährige war hübsch und sah mit ihren dunklen Locken eigentlich gar nicht holländisch aus. So meinten wir jedenfalls, als wir sie in Loenen (an der Vecht, nahe bei der Loosdrechter Seenplatte) zum ersten Mal sahen. In Wirklichkeit hieß sie, wie wir bald wußten, Ria. Aber wir blieben bei Saskia – dem Namen der jungen und schönen Frau Rembrandts. Wir, das war ein gutes Dutzend junger deutscher Soldaten; vom Gymnasium aus zum Kriegsdienst eingezogen; jetzt und bis zum Ende des Krieges Funker im Stab der Schnellen Brigade 20. Nach heutigen und gewiß auch nach damaligen Begriffen freundliche Jungen im Alter zwischen 18 und 19 Jahren, einigermaßen gut erzogen, keine Helden, keine Mitläufer, keine Widerstandskämpfer. Nur zwei, Alfred und Karl, waren älter, um die 30, aber sie paßten zu uns. Die meisten – wie der Zufall manchmal spielt – mehr oder weniger geprägt von der katholischen Jugendbewegung. Die war zwar seit 1937 durch die Nazis verboten, wirkte aber in kleinen Zirkeln weiter.

Mit der Landessprache waren wir recht vertraut. In den vergangenen Monaten unserer Ausbildung in den Niederlanden hatten wir uns – mit unterschiedlichem Erfolg – um das Niederländische bemüht. Nicht nur grobe Verständigung, sondern halbwegs ordentliche und gründliche Unterhaltung mit den Einheimischen war kein Problem.

Am 19. April 1944 trafen wir, von Zutphen kommend, in Loenen ein. Unsere Unterkunft war im Haus Dorpstraat 14, mitten im Ort und damit mitten in der einheimischen Bevölkerung. Doch wir konnten nicht sofort einziehen, sondern mußten zwei Nächte unmittelbar am Rand von Loenen lagern. Die Bewohner und Eigentümer des Hauses hatten den mit den Quartiermachern vereinbarten Termin nicht einhalten können, weil sie erst einen Tag später eine neue Bleibe hatten.

Was daraufhin die Stabsführung anordnete, war für eine Besatzungstruppe ungewöhnlich, es war menschlich: Dorpstraat 14 sollte nun zwar zügig geräumt werden, aber die Bewohner bekamen einen weiteren Tag Zeit; sie mußten sich nicht über den Räumungsbefehl hinaus noch verjagt fühlen, sondern konnten verhältnismäßig geordnet umziehen.

Diese Entscheidung hat zweifellos dazu beigetragen, daß uns keine Feindseligkeit entgegen schlug; ebenso die Tatsache, daß vor uns noch keine „Besatzer" in Loenen waren. Wir waren, zusammen mit einigen Offizieren, die ersten deutschen Soldaten, die in Loenen Quartier nahmen. Das Klima war nicht vergiftet. Es lag also an uns, wie das Verhältnis zu den Einheimischen sich entwickeln würde.

Kinder freundeten sich schnell mit uns an, wie das Kinder in aller Welt tun. Wichtiger und ungewöhnlich war, daß die erwachsenen Einheimischen und wir, die „Moffen", uns bald auf der Straße grüßten. Zunächst mit dem landesüblichen lang gezogenen „Daag". Aber von irgend einem Tag an grüßten wir anders. Wir, die Deutschen, die Soldaten, sagten in niederländischer Sprachmelodie „Halo" und verblüfften damit die Einheimischen. Wir hatten erfahren, daß dieses „Halo" eine Art Geheimgruß, vor allem ein verschlüsseltes Kürzel war. Es bedeutete für Eingeweihte: „Hangt alle landverraders op" – Hängt alle Landesverräter auf.

Zunächst war dieses Grüßen so etwas wie ein geheimnisumwittertes Spiel: Die Holländer waren unsicher, ob wir die Bedeutung, die Langfassung von Halo kannten und antworteten deshalb nur zögernd. Aber irgendwann hat einer von uns es einem von ihnen beim Schwätzen auf der Straße geflüstert: „Halo“ – wir wissen es“. Von da an wurde aus dem geheimnisvollen Spiel eine augenzwinkernde Vertrautheit: Wir wußten es; sie wußten, daß wir es wußten; beide Seiten wußten, daß Einheimische und Deutsche in diesem kleinen Ort eine – verbotene und hoch riskante – Gemeinsamkeit hatten. Wir grüßten uns auf der Straße nur noch mit diesem, notfalls als unverdächtig zu deutenden, „Halo“. Manchmal knipsten wir uns dabei ein Auge zu. „Halo“ war ein Freundschaftssignal geworden, ein Signal über die Gräben des Krieges hinweg.

Wir kannten natürlich nicht alle Loenener, aber viele. Und einer von den vielen sagte nach wenigen Wochen einem von uns: „Ihr braucht hier keine Angst zu haben. Ihr geht nicht wie Besatzer, wie Feinde, wie Moffen durch unsere Straßen. Ihr seid prima Jongens“. Er wurde ein bißchen rot bei seinem Kompliment, das ihm wie eine lange Rede vorgekommen sein mag. Und wir, wir freuten uns riesig darüber.

Wir freuten uns genau so, als eine Loenener Familie – auch in der Dorpstraat – einige von uns zum „Nachmittagstee mit Hausmusik“ einlud. Franz bewies am Flügel, daß sein Klavierspiel bemerkenswerte künstlerische Qualität hatte. Günter spielte fast konzertreif Geige (er studierte nach dem Krieg mit Recht Musik). Die Tochter des Hauses beeindruckte mit einem hübschen, schlanken Mezzosopran. Mit einem von uns, einem recht ordentlichen Bariton, sang sie aus Mozarts „Don Giovanni“ das Duett „Reich mir die Hand mein Leben“ (ohne daß es ernst gemeint war). Wir saßen zusammen wie Menschen, die sich lang kennen und die sich mögen.

Kaum zu glauben? Ja, kaum zu glauben. Aber wahr – im Mai 1944, wenige Wochen, bevor die Alliierten in der Normandie landeten, und ein Jahr, bevor der Krieg zu Ende ging.

Saskia ist uns gelegentlich begegnet. Wir haben natürlich auch versucht, ihr über den Weg zu laufen – an der Vecht oder im Ort, wenn sie etwas zu erledigen hatte, oder wenn sie sonntags mit dem Fahrrad in die Umgebung fuhr. Loenen ist so übersichtlich und die nächsten Dörfer sind so nahe, daß man nicht allzu lange suchen muß, um jemanden zu sehen. Saskia hat dann mit dem einen und anderen, aber immer in der Gruppe, offenbar gern einige Sätze gewechselt, ist ein paar Minuten bei uns stehen geblieben oder ist ein Stück des Weges gemeinsam mit uns gegangen. Ihr Lachen war herzlich, offen und ansteckend. Ob sie ein bißchen geflirtet hat, wußten wir nicht sicher zu sagen.

Wahrscheinlich hätte manch einer von uns gern ihre Hand gehalten, um Hand in Hand mit ihr weiter zu schlendern. Vielleicht, vielleicht hätte sie es ganz gern gehabt – wenn sich nur einer getraut hätte. Aber vielleicht auch nicht. Wie das so ist – oder war? – in diesem Alter. Keiner tat oder versuchte es. Zärtlichkeit lag in der Luft – nur in der Luft. Für nicht wenige junge Männer galt damals „Ritterlichkeit“ etwas.

Wir waren Besatzer, und wir wollten auf keinen Fall Saskias Ruf in ihrer Gemeinde aufs Spiel setzten. So jedenfalls blieb sie auch nach Kriegsende für ihre Landsleute „unbescholten“. Sie kam nicht in den Verdacht, ein „Soldatenliebchen“ gewesen zu sein. Und tatsächlich hat sie mit uns ja lediglich unbekümmert herum gealbert. Ihr Lachen verriet, daß sie uns richtig einzuordnen wußte. Sie und wir blieben auf der Distanz, die nötig war, damit Saskia keinen Schaden nahm.

Saskia hat uns auf eine Weise gedankt, die wir nicht ahnen konnten, als wir nach nur zwei Monaten (in diesem Lebensalter sind zwei Monate eine lange Zeit) Loenen verlassen mußten: Ein Jahr später sind wir ihr noch einmal begegnet. Der Krieg war soeben zu Ende, und Saskia nahm eine überraschende Gelegenheit wahr, sich von uns zu verabschieden – auf der an Loenen vorbei führenden Landstraße:

Wir – dieses Dutzend ähnlich gesinnter deutscher Soldaten – waren von Meerkerk aus (das liegt einige Kilometer nördlich von Gorinchem) zusammen mit vielen anderen „Verlorenen" auf dem Marsch in die Gefangenschaft in Ostfriesland, geleitet von der Ersten Kanadischen Armee. Ein paar Kilometer vor Loenen übernachteten wir vom 25. auf den 26. Mai 1945 in einem großen Zeltlager. Neugierige Einheimische beobachteten uns. Darunter müssen auch Loenener gewesen sein, die dann den Ort informierten. Als wir am nächsten Vormittag auf der Landstraße an Loenen vorbei marschierten, standen unsere Freunde am Straßenrand. Es war unglaublich: Sie reichten uns kleine Eßpakete, gaben uns unter den Augen der staunenden Kanadier die Hand, winkten und riefen „Franz", „Willi", „Dieter", „Günter", „Rüdi"... Und sie riefen augenzwinkernd unser „Halo". Sie empfingen und verabschiedeten uns wie ihre Söhne, Brüder oder Freunde – das würgte gewaltig im Hals.

Saskia war auch dabei, winkte und versuchte, uns die Hand zu geben. Dabei sah sie uns freundschaftlich, ein bißchen liebevoll, halbvertraut und dankbar in die Augen – einen Wimpernschlag länger als normal. Tot ziens. Auf Wiedersehen.

Tot ziens Saskia. Auf Wiedersehen Loenen. Irgendwie spürten wir irgend etwas in der Herzgegend. Danke Saskia – für den Abschied, aber auch für die Duftigkeit, die

Unbeschwertheit, für die leichte Herzlichkeit, für das Zarte unserer nur zwei Monate dauernden Begegnung.

Loenen, den kleinen Ort an der Vecht, habe ich oft und gern wieder gesehen. Bin über die Zugbrücke gegangen, von der aus man die Vecht rauf und runter schauen kann, aufwärts bis zur Nieuwe Brug. An der Zugbrücke läßt es sich gemütlich warten, bis ein Schiff, ein Boot oder eine Yacht kommt, für die der Brückenmeister dann die beiden Brückenteile anhebt. Zum Dank bekommt er ein paar kleine Münzen in einen „Klompen" gelegt, den der „Herr der Brücke" an einer Art Angel hinhält. Eher ein liebenswürdiges Ritual als eine Einnahme-Quelle. Alles läuft bedächtig ab. Die Zeit scheint hier einen anderen, ruhigeren Atem zu haben.

Oder raus zur Loosdrechter Seenplatte. Auf dem Wasser ist an Sommertagen Betrieb, manchmal ein bißchen viel. Am Ufer ist die auf den See aufgelegte Restaurant-Terrasse ein angenehmer Platz zum Träumen oder Dösen. Aber auch für angeregte und anregende Gespräche etwa bei einem Glas Wein. Diskutieren oder eine Hand halten. Die Sonne auf dem Rücken oder auf dem Gesicht. Den See mit den Booten im Blick. Von unten klatscht Wasser gegen die Planken, die Luft ist gewürzt, die Geräusche des Tages klingen ab und damit auch die eigene Neigung zur Hektik. Kurz und einfach: Es ist schön. Das Schöne ist zu riechen, zu schmecken, zu spüren, einzuatmen. So haben wir es schon im Mai 1945 ein paar Mal erleben dürfen, und so habe ich es später immer wieder genossen.

Aber natürlich waren wir in Loenen nicht umgeben von begeisterten Freunden der Deutschen. Das Freundschaftliche hatte sich zwischen einzelnen entwickelt – viele mochten uns nicht weil, sondern obwohl wir Deutsche und obendrein deutsche Soldaten waren. Wir haben auch Unmut und Ablehnung erfahren. Am Loosdrechter See zum Beispiel. Abends in einem Lokal am Wasser, am Ende eines schönen Sonnentages im Juni. Fünf waren wir. Als wir das Lokal betraten, standen und saßen acht oder zehn Holländer an der Bar. Doch schon nach wenigen Minuten waren wir allein: Die Holländer hatten sich demonstrativ davon gemacht. Es gab keinen Zweifel daran, daß sie auf diese Weise ihren Protest über unsere Anwesenheit zeigten.

Dennoch hatte Loenen für uns – unter den Gegebenheiten des Krieges – etwas Paradiesisches, und wir waren sehr, sehr dankbar dafür.

Loenen, den Ort mit den schönen, Wohlhabenheit ausstrahlenden Häusern und Villen an der Vecht, Loosdrecht und Breukelen habe ich oft wieder gesehen. Saskia nicht. Nachbarn erzählten, sie habe „gut" geheiratet und sei mit Familie weg gezogen. Adieu Saskia. Wir sind nicht mehr 17 und 19 Jahre jung.

Bewaffnet
Entwaffnet

Spannung in der Weihnachtsmette
Im Gottesdienst versöhnt

Weihnachten 1944. Im Laufe der Monate waren wir von Loenen aus über Bloemendaal (bei Haarlem) im Herbst nach Voorburg (bei Den Haag) verlegt worden. Der Kontakt zu Einheimischen war geringer geworden. Wir pendelten zwischen unserem Quartier, einem beschlagnahmten Einfamilienhaus, und einem nahe gelegenen so genannten Führungsbunker. Ab und zu kauften wir bei einem Fliegenden Händler einen Stahlhelm voll blauer Trauben, die merkwürdigerweise frei und unbegrenzt zu haben waren. Im Bunker hatten wir in mehreren Schichten rund um die Uhr Funkverkehr zu überwachen. Dabei ließen sich gut nebenher Patiencen legen.

Was macht ein junger Soldat Weihnachten im Krieg? Selbstverständlich gab es in der Kantinen-Baracke das, was „Weihnachtsfeier" genannt wurde – mit verkrampfter und pflichtgemäß unwahrer Rede. Wer sie glaubte, mußte meinen, die deutsche Wehrmacht sei auf dem Weg zum oft zitierten Endsieg. Dabei wußten wir, daß der Kommandeur, ein Oberst, seine eigenen Worte nicht glaubte. Wie denn auch? Niemand konnte wirklich annehmen, daß die Winteroffensive der Wehrmacht in den Ardennen eine Wende bringen werde.

Zu acht wollten wir uns nicht auf die „Baracken-Feier" beschränken, sondern wir wollten in der Weihnachtsnacht zur Mette in der katholischen Kirche in Voorburg gehen; von unserem Quartier aus war es bis dort nicht weit. Als wir um die Genehmigung dafür baten, wurden wir ein bißchen schräg angesehen, aber der Kirchgang wurde doch erlaubt. Bedingung dafür war allerdings: Wir mußten bewaffnet sein. Also standen da, nachts um 4:30 Uhr, acht deutsche Soldaten mit Karabinern in einer mit Holländern überfüllten Kirche. Zwar hatten wir nicht einen einzigen Schuß Munition dabei, nicht einmal Platzpatronen. Aber das wußte keiner der einheimischen Gottesdienst-Teilnehmer. Im Ernstfall hätten wir die Gewehre allenfalls als Keulen benutzen können. Doch wir waren ja nicht als Krieger da. Wir wollten weder schießen noch schlagen, sondern wir wollten an der Christmette teilnehmen.

Es knisterte gleichsam vor Spannung. Einerseits waren wir für die Holländer die verhaßten Deutschen, die Besatzer, und wir waren eine Provokation in Uniform. Andererseits kamen wir als Christen zu Christen und wollten – den Karabiner gezwungenermaßen in der Hand – mit ihnen zusammen die Messe, Weihnachts-Gottesdienst, feiern.

Eine Groteske? Oder eine kaum zu fassende Feier der Versöhnung?

„Und auf Erden Friede den Menschen, die guten Willens sind" – der Satz aus dem Weihnachts-Evangelium klang hier nicht lieblich, sondern er hatte eine Kraft, die in der Vergangenheit wohl keiner von uns so erkannt und empfunden hatte. Friede zunächst einmal hier in der Kirche von Voorburg. Weihnachten nicht heimelig, sondern eine Chance und ein Appell.

Während seiner Predigt faßte der Priester uns ins Auge und sprach von denen, „die Frieden sagen, aber mit blutunterlaufenen Augen Krieg, Verfolgung und Vernichtung wollen". Er konnte sich denken, daß wir ihn verstanden – sprachlich und auch, wen er mit den blutrünstigen Verfolgern meinte: die Nazis. Aber Nazis waren nun einmal Deutsche, und wir standen da als Deutsche. Wir standen mitten unter den Holländern, für jeden erkennbar. Wir spürten ihre Blicke und ahnten ihre Gefühle.

Zur Kommunion gingen wir, wie wir es verabredet hatten, in zwei Gruppen. Vier standen bei den Gewehren, vier gingen ohne Waffe zur Kommunionbank. Dann gingen die anderen vier. Vielleicht war dies das entscheidende Signal des Vertrauens: Hier sind wir, wie ihr, unbewaffnet; seht und nehmt uns als Christen, als nichts anderes. Von da an wuchsen wir von Minute zu Minute mehr mit dieser Gemeinde zusammen. Das Christliche, der Friede derer, die guten Willens sind, siegt über die Feindseligkeit. Was für ein Fest!

Nach der Mette sprach uns der Pastor an, gab jedem von uns fest die Hand und sagte zögernd aber klar, jedes Wort abwägend: „Ich danke Ihnen, daß Sie hier waren und mit uns den Gottesdienst gefeiert haben. Für mich ist das ein überraschender und sehr beglückender Teil meiner Weihnachtsfreude – mitten in diesem schrecklichen Krieg, der so viel Haß und Leid hervor gebracht hat."

Eine unvergeßliche Weihnacht.

Es waren 90 Minuten stärkster, so nur selten zu erlebender Verbundenheit und Menschlichkeit. Wir acht waren dafür genau so dankbar wie der Pastor aus Voorburg.

Zwei aus unserer Nachrichtenstaffel gingen am Vormittag des Weihnachtsfestes zum evangelischen Gottesdienst. Er war von der Wehrmacht „angeboten", also rein deutsch. In ihm war nichts zu erleben vom Verhältnis zwischen deutschen und niederländischen Christen. Aber auch in ihm wurde Erstaunliches gesagt und empfunden.

Alfred, einer von uns, der an diesem Gottesdienst teilnahm, hat darüber später in seinem Roman „Der verborgene Johannes" unter anderem festgehalten:

„Der Pfarrer sprach ganz klar von der Lage des Reichs: daß wir Weihnachten feierten vor einer Weltenwende, daß die Streitkräfte der gegen uns verbündeten Mächte (das Wort ‚Feind' fiel nicht) Deutschland umklammert haben und es im Frühjahr überrennen wollen. So oder so müsse sich alles in Kürze entscheiden. Und dann sprach er vom Glauben in dieser Zeit. Wo der Name Gottes in der Welt nicht mehr bekannt werde, da sei der Glaube an ihn einem Glauben an den Sinn gewichen. Aber die vage Vorstellung eines erdachten Sinns führe in das dunkle Gefühl, ausgeliefert zu sein an ein Schicksal, das eher sinnlos mit uns verfährt wie mit einem Lebens-Teig, und das sich um eine ängstliche Seele weder kümmern will noch kann."

Alfred erinnert sich weiter, daß der Pfarrer sagte: „Die großen Fragen dieser Erde sind nicht durch Beschlüsse der Regierungen, der Generalstäbe, der Synoden zu lösen, sondern in deinem und meinem Herzen, lieber Bruder". Das sei die Größe, die wir der Macht voraus hätten, und „die heimlichen Leuchtfeuer glimmen wie ewige Weihnachtskerzen."

Das war ein nur wenig verschlüsselter Text, immerhin in einem Wehrmachts-Gottesdienst. Und Alfred kommt zu einem ähnlichen Bekenntnis wie wir anderen, die wir in der Mette waren. Er schreibt: „Es war der größte, der bedeutendste Gottesdienst meines Lebens, groß allein durch das Wort, aber auch groß und ernst durch den finsteren Hintergrund der Weltstunde."

Und dann war wieder Breughel

Zugefrorene Grachten – Bratkartoffeln
Eine Mutter

Ende Dezember zwischen Leiden und Oegstgeest – das bedeutet oft, und im kalten Winter 1944/45 war es so: Zugefrorene Grachten in einer wie von Breughel gemalten Winterlandschaft. Weiß, ruhig, entspannt, ein paar Schlittschuhläufer, eine Windmühle, ein paar Menschen auf dem Weg.

Aber 1944/45 blieb die Stimmung nicht allzu lang friedlich und beschaulich. In der Nähe wurde fast täglich Hitlers angebliche Wunderwaffe „V 2“ abgefeuert. Und nach jedem Start einer solchen nach England Tod bringenden Rakete waren bald Jagdbomber der Alliierten in der Luft, um die Abschuß-Stelle ausfindig zu machen und zu beschießen – stets erfolglos; manchmal wurde sogar eine „V 2“ abgeschossen, während die Jagdbomber in der Luft waren.

Holländer, die dennoch Spaß mit ihren Schlittschuhen haben wollten, warteten, bis die Raketenabschüsse und die Szenen der Jagdbomber vorüber waren. Dann war für gewisse Zeit mit Ruhe zu rechnen. Wie aus dem Nichts heraus huschten Menschen ins Bild, glitten fast lautlos über das Eis, am Rande der Gracht spielten Kinder, ein paar Frauen und Männer gingen mit hochgeschlagenen Mantelkragen ihrer Wege – es war wieder Breughel.

Heutzutage veranstalten die Holländer in kalten Wintern die „Elf-Stede-Tocht“, in der elf Städte nur über zugefrorene Grachten in einem Schlittschuh-Wettkampf angelaufen werden – so sehr mögen sie diesen Sport und die damit verbundene Atmosphäre.

Drei aus unserer Nachrichtenstaffel waren Ende Dezember 1944 nach Oegstgeest in Marsch gesetzt worden. Nur für ein paar Tage war dort in einem Bauernhaus eine Funkstelle einzurichten. Die Quartiermacher hatten das halbe Haus beschlagnahmt. Als wir vormittags eintrafen, war der Bäuerin und ihren beiden Töchtern verständliche Ablehnung deutlich anzumerken. Sie wirkten verschlossen, ängstlich und besorgt. Wir hatten nichts anderes erwartet. Es gab keinen Grund für einen freundlichen Empfang, nicht einmal für unkomplizierte Offenheit.

Als wir ihnen jedoch sagten, es sei ziemlich verrückt, für uns das halbe Haus zu räumen; wir bräuchten nur zwei zusammenhängende Zimmer – da hellten sich die Gesichter ein wenig auf. Ein paar Mal mußten wir die Bäuerin nach diesem und jenem fragen. Dafür taten wir etwas, was unter zivilisierten Menschen selbstverständlich ist und wovon unsere Eltern uns gesagt hatten, das gehöre sich so: Wir klopften an und fragten erst einmal, ob wir hinein kommen dürften: „Mag ik binnen komen?“ Wir wollten damit nichts Ungewöhnliches tun, nicht taktieren, sondern wir taten unbekümmert das, was wir zu Hause gelernt hatten und wovon wir meinten, der Anstand gebiete es.

Anstand mitten im Krieg, in diesem Krieg?

Jedenfalls lösten wir eine nicht zu ahnende Überraschung aus. Die Frau strahlte mütterlich. Die Angst war gewichen. Sie fing an, von ihrem Mann und ihrem Sohn zu erzählen. Der Junge sei so alt wie wir, und sie zeigte uns Fotos von ihm.

Sie hoffe, daß der Krieg bald zu Ende sei, sagte sie mit einem Seufzer. Das war eine riskante Bemerkung mit der sie uns vertraute; denn wie die Dinge inzwischen lagen, war das Kriegsende gleichbedeutend mit der Niederlage Deutschlands.

Doch wir nickten Zustimmung. Ein Zeichen unseres Vertrauens. Woher wir kämen, wollte sie wissen. Ob unsere Eltern sich um uns Sorge machten, und ob wir ihnen noch schreiben könnten. Zögernd fragte sie nach unseren Namen.

Schließlich lud sie uns zum Hinsetzen ein – und zu Tee mit selbstgebackenen „Koekjes". Wir waren aufgenommen; aufgenommen als junge Männer, die den Krieg nicht erfunden hatten und von ihm nicht begeistert waren, sondern die in Oegstgeest waren, weil sie es mußten.

Das noch deutlichere Zeichen des Aufgenommenseins gab die Bäuerin uns abends. Gegen 18 Uhr klopfte sie an die Tür unseres Funkraums und fragte nun ihrerseits: „Mag ik binnen komen?" Sie ging lächelnd auf den Tisch zu und stellte uns eine große Pfanne mit Bratkartoffeln darauf. „Smakelijk eten!", wünschte sie uns auf Holländisch „guten Appetit" – so als ob sie unsere Mutter sei, was sie dem Lebensalter nach ja auch hätte sein können. Mit dem Sprechchor „Lekker" dankten ihr nachher die „Söhne".

Am nächsten Abend brachte eine der Töchter wieder Bratkartoffeln. Nicht um mit uns anzubändeln; Ende 1944 hütete sich wohl jedes niederländische Mädchen, sich mit deutschen Soldaten einzulassen. Aus Frankreich, Belgien und aus den von den Alliierten schon eroberten Teilen der Niederlande war bekannt, wie es jungen Frauen und Mädchen erging, die in den Ruf geraten waren, sie hätten deutschen Soldaten zu „nahe gestanden": Haare wurden ihnen geschoren, sie wurden verprügelt, durch die Straßen getrieben, gequält, entstellt, getötet oder dazu getrieben, sich das Leben zu nehmen.

Die Tatsache, daß die Tochter kommen durfte, war allein und unmißverständlich ein Zeichen des Vertrauens.

Auch der Sohn schaute mal rein und schwätzte ein bißchen mit uns.

Oegstgeest war nicht eine Station dauerhafter Freundschaft. Aber Oegstgeest war ein Beweis dafür, daß Menschen auch in diesem Krieg menschlich miteinander umgehen konnten. Es war möglich, und es ist geschehen, weil Menschen sich als Menschen begegneten und respektierten. Jene Familie in Oegstgeest hat uns nicht freiwillig und zunächst nicht gern aufgenommen. Wieso auch hätte es anders sein sollen? Aber wir sind Abschied winkend gegangen, als ob wir ihre Gäste und so etwas wie Freunde oder Söhne gewesen wären.

Angst vor dem Rasiermesser

Wut, Schweigen und Feindseligkeit
Wo nichts zu reparieren war

Ganz anders war, was wir in Egmond erlebten. Dort schlug deutschen Soldaten unverhohlen Haß entgegen; auch uns. Normal – mag manch einer denken. Aber es stand in krassem Gegensatz zu all unseren bisherigen Erfahrungen.

Wir versuchten herauszubekommen, was denn wohl passiert war. Denn was wir überall zu spüren bekamen, war nicht eine allgemeine und wohl auch verständliche Ablehnung, nicht Distanziertheit, sondern fast körperlich spürbarer Haß, Verbitterung, Verachtung, Feindseligkeit. Einer von uns meinte: „Hier gehe ich nicht zum Friseur, um mir die Haare schneiden zu lassen. Der könnte doch ‚rein zufällig' mit dem Messer ausrutschen, wenn er mir den Nacken ausrasiert." Der Satz kennzeichnete die Stimmung und die Lage.

Mit den Einheimischen war kaum ein Gespräch möglich. Sie wechselten die Straßenseite, um uns nicht begegnen zu müssen. Sie schauten uns nicht an. Das Klima war total vergiftet. So hatten wir das bisher nie erlebt – nicht in Breda, nicht in Culemborg, Zwolle, Tilburg, Zutphen, Loenen, Leiden, Bloemendaal oder Dordrecht.

Schon lange mußten wir, wenn wir eines unserer Quartiere verließen, den Karabiner umhängen. Wir traten also bewaffnet vor die Öffentlichkeit. Aber in Egmond war es genau so wie Weihnachten in Voorburg: Wir hatten nicht einen einzigen Schuß Munition dabei, auch keine Platzpatronen, mit denen wir wenigstens kriegerischen Lärm hätten machen können.

Das erinnerte mich an meine ersten Soldaten-Tage in den Niederlanden. Bei dichtem Nebel waren wir Rekruten in Breda angekommen. Wir wußten noch nicht, wie man – was damals noch für wichtig gehalten wurde – militärisch richtig zu grüßen und zu gehen hatte. Wir hatten auch noch nicht gelernt, wie ein Gewehr zum Schießen richtig anzulegen ist.

Aber die Kasernen mußten selbstverständlich bewacht werden. Ich wurde sofort zur Nachtwache eingeteilt. Zu zweit gingen wir unsere Runden – innerhalb der Ummauerung – um das Kasernengelände. Mit geschulterten Karabinern sahen wir trotz unserer eher jungenhaften Erscheinungen kriegerisch aus. Mehr aber nicht. Denn auch da hatten wir keine Munition dabei, keine Platzpatronen, nicht einmal eine Trillerpfeife, mit der wir uns hätten bemerkbar machen können. Ein seltsames, gespenstisches Soldat-Spielen.

Es fand drei Tage und drei Nächte in dickem Nebel statt. Die Sicht reichte nicht weiter als zehn Meter. Geräusche wurden verschluckt oder verändert. Nur ein Glockenspiel erklang zuverlässig jede halbe Stunde aus derselben Richtung. Nachdem der Nebel verschwunden war, erkannten wir, daß es das Glockenspiel der nahe gelegenen Grote Kerk von Breda war. Es hat unsere Grundausbildung begleitet.

Zurück nach Egmond. Wir fanden schließlich den Grund für die Verbitterung der Einheimischen heraus: Vor uns war über längere Zeit Waffen-SS in dem Ort einquartiert, darunter waren auch Freiwillige oder zur „Freiwilligkeit“ Gezwungene aus der Sowjetunion. Diese Truppe muß aufs Übelste gehaust haben, sogar der Zustand der Unterkünfte bewies es.

Nach allem, was wir dann doch noch erfuhren, waren der Zorn und das Entsetzen der Einheimischen nur zu verständlich. Sie waren wie nichtswürdige Untertanen, wie Geknechtete behandelt worden. In holländischen Geschäften warteten diese Soldaten nicht, bis sie an der Reihe waren, sondern verlangten sofort in barschem Ton, bedient zu werden. Einheimische, die auf der Straße nicht schnell zur Seite gingen, wenn Soldaten kamen, wurden grob weg gerempelt. Vor allem die Russen in deutscher Uniform sollen mit Pistole und Karabiner herum gefuchtelt haben, um so die Holländer einzuschüchtern, und über deren Angst sollen sie spottend laut gelacht haben. Wenigstens soll es nicht zu Vergewaltigungen gekommen sein. Aber die Frauen lebten in Angst davor; niemand konnte wissen, was dieser Soldateska einfallen würde.

Das Ergebnis war die Wut der Einheimischen. Da war nichts zu reparieren. Jede deutsche Uniform, jedes deutsche Wort regte die Menschen auf. Wir schämten uns. So weit es irgend möglich war, vermieden wir es, durch die Straßen zu gehen, und wir waren heilfroh, daß wir nach kurzer Zeit verlegt wurden – nach Woudrichem am Waal.

Genever, Matjes und die Faust in der Tasche

Ein wunderbarer Brief der Fischersfrau Annie Salzwasser und Rommel-Spargel

„Beste Rüdi", so beginnt ein Brief vom 20. September 1947 aus Schiedam an mich. Er kam von unseren ehemaligen „Quartiersleuten" in Oudendijk (eine eigenartige, beinahe frivole Bezeichnung für Menschen, in deren Haus wir zwangsweise untergebracht worden waren, die also unseretwegen beengter leben mußten). Sobald es nach dem Krieg möglich war, hatten wir die ersten schriftlichen Lebenszeichen ausgetauscht. So war es verabredet.

Nun teilte Frau Annie mir mit, daß ihr Mann nicht auf dem Rhein als Schiffer fahre, sondern auf See; deshalb seien sie nach Schiedam nahe bei Rotterdam umgezogen. Dann heißt es in diesem Brief der Schiffersfrau weiter: „Wir haben dich nicht vergessen, und wir haben nichts gegen dich und die anderen, die in unserem Haus waren. Ihr habt euch anständig verhalten, und wir haben gern mit euch gelacht – wenn auch die Zeiten schrecklich waren... Wir sind doch alle in erster Linie Menschen. Die Welt muß wieder aufgebaut werden, und das gelingt nicht, wenn wir einander hassen." Der Brief schließt mit dem Wunsch: „Hoffentlich werden und bleiben wir Freunde."

Annie war eine Schiffersfrau, keine Philosophin, keine Intellektuelle. Sie war mit einem hellen, praktischen Verstand, mit Gemüt und mit Menschlichkeit ausgestattet. Und so hat sie einen wunderbaren Brief der Freundschaft und der Versöhnung geschrieben. Nebenbei: Der Brief war von der Kontrolle der Alliierten geöffnet worden. So waren damals die Zeiten.

In einem Brief vom Dezember 1948 erinnert Annie (sie nennt sich auch mal Anneke) daran, daß sie wie viele andere eine sonnige Jugend gehabt habe, in einem schönen Zuhause (prettig thuis). Dann schlägt sie die Brücke zum zerstörten Deutschland: „Wenn bei euch die Kinder jetzt in Notquartieren, in halb zerstörten Bunkern aufwachsen, entgeht ihnen all das Schöne, das wir erlebt haben, und an das wir uns erinnern. Welche Ideale können sie in diesen Zuständen, in einer solchen Umgebung haben? Es ist doch tief traurig, daß fast vier Jahre nach Kriegsende so wenig für die Kinder und für die Jugendlichen in Deutschland getan wird."

Ihr Mann, so schreibt Annie weiter, sei im vergangnen Sommer über die Ostsee auch in der sowjetischen Besatzungszone gewesen. Er habe gesagt, was da ablaufe, das könne man nicht glauben, wenn man es nicht selbst erlebt oder beobachtet habe. Offenbar meinte ihr Mann Vergewaltigungen. Denn sie schreibt weiter: „Wir haben hier doch auch fünf Jahre Besatzung gehabt. Aber kein holländisches Mädchen, keine Frau kann sagen, daß sie von einem deutschen Soldaten belästigt worden sei. Ihr wart doch, als ihr in Oudendijk bei uns einquartiert wart, fast wie Freunde, auf jeden Fall wart ihr angenehm."

Ein schönes Kompliment – auch wenn dahin gestellt bleiben muß, ob deutsche Soldaten sich in den Niederlanden allzeit und überall ohne Tadel gegenüber einheimischen Frauen verhalten haben.

Nach Oudendijk waren wir – über einen kurzen Aufenthalt in Woudrichem – am 28. März 1945 gekommen. Der Frühling dieses Jahres hatte ungewöhnlich früh begonnen; schon Mitte März standen die Obstbäume in voller

Blütenpracht, und es war so warm, daß wir uns in die Sonne legen konnten.

Eine Idylle – wären nicht in kurzen Abständen Jagdflugzeuge der Alliierten im Tiefflug daher gekommen, auf alles irgendwie Verdächtige schießend. Und: Hätten nicht die überschwemmten Wiesen ringsum jederzeit daran erinnert, daß wir nicht in einer Idylle lebten, sondern immer noch im Krieg.

Dieses Wasser auf den Wiesen, die auch noch mit so genannten Rommel-Spargeln gespickt waren, gehörte zu den Verzweiflungstaten, mit denen Hitler und seine Helfer versuchten, den Krieg in die Länge zu ziehen: Das Wasser und die angespitzten Pfähle, eine Erfindung des Feldmarschalls Rommel, sollten Segel-Transporter der Alliierten daran hindern, auf den Wiesen zu landen und Soldaten abzusetzen. Dabei war der Krieg längst entschieden. Die einzige Frage war, ob es bis zur deutschen Kapitulation ein paar Wochen oder nur noch Tage dauern würde.

Um die Wiesen und Felder unter Wasser zu setzen, hatte die deutsche Besatzungsmacht Windmühlen und Pumpwerke abgestellt, mit deren Hilfe das Grundwasser in den unterhalb des Meeresspiegels gelegenen Landesteilen reguliert wurde. Innerhalb kurzer Zeit standen weite Teile der Niederlande unter Wasser. Das Vieh konnte nicht auf die Weiden getrieben, die Felder konnten nicht bestellt werden, die Zwiebeln der Tulpen und Narzissen verfaulten.

Das Schlimmste war die Langzeitwirkung dieser künstlichen Überschwemmung. Das Wasser, das von unten auf die Wiesen drang, war salziges Meerwasser. Zwar waren die Wiesen nach Kriegsende verhältnismäßig schnell trocken, nachdem wieder gepumpt werden konnte. Aber das Salz hatte die Felder und Weiden zunächst für jegli-

che Nutzung verdorben – ausgerechnet das Land, das die Niederländer dem Meer abgerungen haben und das sie mit Stolz „Polder“ nennen. Es waren also Felder und Selbstbewußtsein beschädigt worden.
Bis diese zweifachen Schäden beseitigt waren, bis buchstäblich und in doppeltem Sinn Gras über die Sache gewachsen war, vergingen Jahre. Was wir im warmen März/April 1945 um uns herum sahen, wurde salziger, bitterer Nährboden für langlebigen Zorn über die Deutschen.

Zehn Jahre nach Kriegsende haben Günter und ich Annie und ihren Mann Frederik in Schiedam besucht. Da wiederholte sich dieselbe herzliche Freundschaftlichkeit, wie sie in dem Brief von 1947 anklang. Frederik bekannte: „Briefe schreiben ist nicht meine Sache. Das macht Annie, und sie macht es gut. Aber jetzt seid ihr hier, und jetzt können wir miteinander reden. Herzlich willkommen. Erst trinken wir mal einen Genever. Trinken wir auf du?“

„Prosit Annie, Jan, Günter, Rüdi.“

Frederik erinnert sich an März/April 1945: „ Ihr könnt euch denken, daß es nicht schön ist, wenn plötzlich ein Teil des Hauses beschlagnahmt wird, weil deutsche Soldaten untergebracht werden sollen. Ihr wart Besatzer, und ihr wißt bestimmt, daß die Deutschen nicht beliebt waren.“

„Und wie bist du damit fertig geworden?“

„Ich konnte ja nur die Faust in der Tasche machen – so sagt ihr, glaube ich. Das habe ich feste getan, sehr feste. Aber Widerstand war ja sinnlos. Vielleicht erinnert ihr euch, daß ich mich zwei oder drei Tage lang nicht habe sehen lassen. Ich wollte euch nicht begegnen. Aber dann habe ich gemerkt, daß ihr euch wie vernünftige Hausgenossen verhalten habt. Annie hat mir gesagt: ‚Die Jongens sind mir gegenüber sehr höflich; sie benehmen sich nicht wie die Herren im Haus, sondern sie sind zurückhaltend und freundlich. Sie fragen, sagen bitte und danke. Ich glaube, du brauchst ihnen nicht länger aus dem Weg zu gehen'. Und ihr wißt ja, daß ich es dann probiert habe. – Kommt, wir trinken noch einen Genever.

„Hast Du bereut, daß du es mit uns probiert hast?"

Frederik: „Offen gestanden – ich mußte mich überwinden. Es war nicht leicht. Ich mußte ja meine ‚Faust in der Tasche' öffnen. Irgendwann war sie geöffnet, und dann war's gut. Damals habe ich gelernt zu unterscheiden: Es gab nicht nur eine einzige Art von Deutschen; es gibt überhaupt nicht eine einzige Art von Menschen in einem Volk – egal, um welches Volk es sich handelt."

„Nach ein paar Tagen", so fährt Frederik fort, „habe ich Annie, als wir abends zusammen saßen, gesagt:, Ich glaube, ich mag die Jongens jetzt. Du hattest Recht; die sind gar nicht so germanisch oder teutonisch, wie wir die Deutschen immer sehen – einen genau so wie den anderen. Inzwischen rede ich gern mit ihnen'."

„Gebt mir eure Gläser", sagt Frederik. „Wir trinken noch einen Genever." Annie brachte einen Teller mit leckeren Matjes und sagte dazu: „Da habt ihr eine gute Grundlage, damit ihr länger einen klaren Kopf behaltet." Das war – vor allem nachträglich – überzeugend. Denn acht Genever mit sechs Matjes sind bekömmlicher als Genever ohne.

„Erinnert ihr euch noch an Einzelheiten?"

Frederik: „Oh ja. Zum Beispiel habt ihr mal zusätzlich zu eurer Verpflegung 30 oder 40 Eier bekommen. Damit ist einer von euch zu uns gekommen und hat gesagt: ‚Nehmt ihr euch erst mal – so viel ihr wollt.' Darüber haben wir und so sehr gefreut, daß wir euch abends zum Tee eingeladen haben. Für das berühmte niederländische Kopje Koffie fehlte ja der Kaffee; der auf dem Schwarzen Markt war für uns zu teuer."

„Aber einer von euch", ergänzte Annie, „kam eines Tages mit einem Paket Kaffee an. Natürlich ‚schwarz' gekauft. Ihr konntet euer Geld ja für nichts anderes ausgeben. Und das war dann auch wieder toll: Ihr habt den Kaffee nicht allein getrunken, sondern habt mich gebeten: , Machen sie für sich, ihren Mann und uns einen richtig guten Kaffee?' Das war ein Festtag, und den hatten wir euch zu verdanken."

„Aber es gab doch bestimmt auch Ärgerliches?"

Frederik: „Ach, wirklich geärgert haben wir uns über euch nicht. Aber ich erinnere mich, daß in irgendeiner Nacht jemand in euren Schlafraum rief: ‚Alarm!'. Und dann war nach wenigen Minuten lautes Getrappel. Anscheinend seid ihr alle rauf in den Funkraum gestürmt. Dann hörten wir Gemurmel, und zehn oder 20 Minuten später sind alle wieder die Treppe runter. Da habt ihr übrigens sehr bescheiden auf Strohsäcken gelegen, dicht beieinander. Später hat einer von euch erzählt, ihr hättet einen Funkspruch aus dem Führerhauptquartier weiter leiten müssen. Nachträglich können wir spotten: So viel Aufregung wenige Wochen vor Kriegsende."

„Wir waren ja nicht sehr lange bei euch; dann sind wir weiter gezogen zu unserer Kriegs-Endstation: Meerkerk.

„Wie lange wart ihr bei uns?"

„Genau vom 28.März bis zum 19. April, also rund drei Wochen."

Frederik: „Das war ja wirklich nicht lang. Damals haben wir das anders empfunden – viel länger. Als ihr weg gegangen seid, waren wir natürlich froh, daß wir wieder allein in unserem Haus leben konnten – es war ja nicht sehr groß. Aber wir haben euch trotzdem mit ein bißchen Wehmut nachgeschaut – jedenfalls nicht im Zorn. Unser Abschieds-Winken war herzlich. Und ich habe Annie gefragt: ‚Ob die wirklich dran denken, uns mal zu schreiben, wenn dieser verdammte Krieg endlich vorbei sein wird?' Ihr habt dran gedacht, so wie wir es vereinbart hatten. Nun seid ihr beide sogar leibhaftig hier. Das ist schön, und wir freuen uns sehr darüber – ich hoffe, daß ihr das spürt."

„Wir müssen noch einen Genever trinken", lädt Frederik ein und hat schon die Flasche in der Hand.

„Aber dann müssen wir uns ein Hotel suchen; ihr wißt bestimmt eines hier in der Nähe."

„Das kommt überhaupt nicht in Frage. Unsere Freunde schlafen nicht im Hotel, sondern bei uns im Haus. Hier haben wir mehr Platz als in Oudendijk. Jetzt seid ihr als Freunde hier und nicht als Besatzer. Und darauf trinken wir mindestens noch einen Genever. – Auf unsere Freundschaft!"

Gut, daß Annie Matjes besorgt hatte.

Ein Amen zur Freundschaft

Große Reden im allerkleinsten Kreis
Tot ziens

Wir konnten nicht ahnen, auf was wir uns einließen. Im Sommer 1951 hatten Günter, der seine Eltern in Gelsenkirchen wieder gefunden hatte, und ich, ein Koblenzer, die Idee und den Wunsch, nach Holland zu reisen. Wir wollten einige unserer niederländischen Freunde wieder sehen. Aber wir wußten nicht, daß wir uns damit in ein – heute nicht mehr zu begreifendes – Behörden-Abenteuer von ungeahnten Ausmaßen begaben. Im heutigen Europa ohne Grenzen steigt man ins Auto, in den Zug oder ins Flugzeug und reist durch die Länder der Europäischen Union; ohne Devisen, wie man Lust hat und wohin einem der Sinn steht, sofern das Konto es erlaubt. Damals aber stießen wir nur auf Hindernisse und Absagen. „Nein“ war das Wort, das wir in diesem Zusammenhang am häufigsten hörten.

Vor allem war ein Visum erforderlich. Aber wie war daran zu kommen? Die niederländischen Behörden legten keinen Wert darauf, ausgerechnet Deutschen die Einreise und einen dreiwöchigen Aufenthalt zu erlauben. Und die alliierten Besatzungsmächte in Westdeutschland, die entscheidend mitzureden hatten, verstanden sich nicht als Förderer einer deutschen Reisefreudigkeit; bremsen gefiel ihnen besser.

Es zeigte sich bald, daß die Aussichten auf ein Visum schlecht waren. Auch mein Hinweis, daß ich als Journalist im Auftrag einer Wochenzeitung in die Niederlande reisen wolle und solle, um dort Gespräche in Ministerien und in Stadtverwaltungen zu führen – auch diese Begründung im Antrag auf ein Visum half nicht weiter.

Doch dann erwies sich der französische Presseoffizier in Koblenz, Monsieur Bing-Fromont, als hilfreicher Mensch. Sein Rat: „Sie müssen sich eine schriftliche Einladung besorgen, und die Einladenden müssen sich darin verpflichten, für ihre Gäste – also für Sie – notfalls in jeder Hinsicht aufzukommen."

„Ohne eine solche schriftliche Einladung läuft da nichts", sagte Monsieur Bing. „Wenn Sie die Einladung vorlegen können, dann werde ich befürworten, daß Sie ein Visum für zwei Personen und drei Wochen bekommen. Nur wenn Sie in Holland Freunde haben, die sich darauf einlassen, gibt es eine Chance. An mir werden ihre Reisepläne nicht scheitern." Kurz gefaßt also: Ohne eine Einladung kein Visum, ohne Visum keine (begrenzten) Devisen, ohne Visum und ohne Gulden keine Einreise. Basta. Woher eine Einladung bekommen? Zwar hatten wir freundschaftliche Beziehungen zu einigen Niederländern und auch brieflichen Kontakt zu ihnen. Konnten wir aber jemandem zumuten, mit einer Einladung eine Art Bürgschaft zu übernehmen.

Nur eines war möglich, und das taten wir. Wir schrieben zwei unserer früheren „Quartiersfamilien", schilderten unsere Idee sowie die damit verbundenen Probleme und Bedingungen. Unsere Briefe schlossen mit der Vermutung: „So wird denn unsere Idee wohl nicht zu verwirklichen sein. Schade, aber so sind die Verhältnisse zur Zeit."

Tatsächlich glaubten wir nicht mehr ernsthaft, daß unsere Reise zustande käme. Doch wir erlebten eine große Überraschung. Es bewährte sich eine Freundschaft, die erst in den letzten drei Wochen des Krieges in Meerkerk entstanden war – in einer Zeit also, in der niemand mehr vor deutschen Soldaten Respekt oder gar Angst zeigen mußte; jeder wußte, daß das Ende des Krieges, die bedingungslose Kapitulation Deutschlands unmittelbar bevorstand. In einer solchen Zeit hat sich mit Jan Willem und seiner Familie – unseren „Quartiersleuten“ in Meerkerk – ein außerordentlich gutes Verhältnis entwickelt.

Es war so gut, freundschaftlich und vertrauensvoll, daß wir mit ihnen vereinbart haben: Wir – noch deutsche Soldaten – melden uns, wenn wir wieder zu Hause sein werden, bei Jan Willem, teilen ihm unsere Adressen mit, die er dann an alle anderen weiter leitet. So wollten wir nach Kriegsende wieder Kontakt aufnehmen, denn keiner von uns wußte, wo er nach der erhofften Heimkehr wohnen würde. Längst gab es keine Korrespondenz mehr mit den Eltern, die meisten Elternhäuser waren durch Bomben zerstört.

Schon nach wenigen Tagen hatten wir eine Antwort von Jan Willem. Er zögerte keinen Augenblick, sondern schickte, nach Rücksprache mit seiner Familie, die für ein Visum erforderliche Einladung. Er fügte hinzu: „Ihr seid herzlich willkommen. Wir freuen uns darauf, euch wieder zu sehen. So lange ihr euch in Meerkerk aufhaltet, wohnt und eßt ihr selbstverständlich bei uns. 1945 seid ihr uns zugewiesen worden. Jetzt werdet ihr unsere Gäste sein. Den Krieg müssen wir doch endlich vergessen, damit wir Frieden schaffen können.“

Das war wirklich weit mehr als wir zu hoffen gewagt hatten. Jetzt wußten wir, daß wir in Meerkerk Freunde hatten, nicht nur Leute, mit denen wir uns drei Wochen lang gut verstanden hatten.

Für September hatten wir alle Unterlagen zusammen, auch das Visum und Gulden. Am liebsten wären wir mit dem Schiff eingereist, mit einem Frachtschiff auf dem Rhein. Aber dafür war die Zeit noch nicht reif. Also fuhren wir mit der Bahn über Emmerich, durch strengen Zoll auf beiden Seiten, nach Arnheim, Utrecht, Amsterdam, Rotterdam; in die kleineren Orte mit den damals schon hervorragend organisierten Bus-Verbindungen; das Umsteigen von der niederländischen Bahn in einen Bus und umgekehrt war immer nur mit wenigen Minuten Wartezeit verbunden.

Die Spannung wuchs, je mehr wir uns Meerkerk näherten. Wie wird die Begrüßung sein – vor dem Haus oder drinnen eher versteckt? Wie werden sich Nachbarn und andere Bewohner des Ortes verhalten, wenn Deutsche kommen und dort wohnen sollen, wo sie vor knapp sechseinhalb Jahren als feindliche Soldaten zwangsweise einquartiert waren? Werden wir bespuckt, mit Steinen beworfen oder nur mißachtet?

Als wir die ersten Häuser des Ortes erreicht hatten, kamen Gedanken an unsere letzten Tage in Meerkerk auf: Fenster und Schaufenster waren plötzlich „oranje" – orange-, der Farbe des niederländischen Königshauses der Oranier, und mit einem Bild der beliebten Königin Juliana dekoriert. Wir dagegen hatten damit begonnen, unsere „Dekorationen" (Rangabzeichen, Schulerklappen, Orden) von unseren Uniformen zu entfernen. Wir bereiteten uns auf den Weg in die Gefangenschaft vor und hofften auf eine möglichst rasche Heimkehr. Dort, zu Hause, war dann für viele die Uniform das einzige Kleidungsstück. Es mußte, so verlangte es die Besatzungsmacht, schwarz oder dunkelblau gefärbt werden. Ineinander fließende Erinnerungen: Oranje und tristes Schwarz.

Doch als wir nun in Meerkerk ankamen, war alles ganz einfach. Ankunft und Begrüßung knüpften fast nahtlos an unseren Abschied vom 10. Mai 1945 an. Jan Willems Sippe, einschließlich Enkelkind und Katze, war zusammen gekommen und begrüßte uns mit großem Hallo vor dem Haus. Die Nachbarin Geerdje war ebenfalls dabei; sie war inzwischen eine hübsche junge Frau von 22 Jahren geworden.

Ganz ähnlich war das Bild vor sechseinhalb Jahren gewesen, nachdem wir unsere Karabiner abgeliefert, die geheimnisumwitterte Chiffriermaschine pflichtgemäß zerstört hatten und in ein Kriegsgefangenenlager in der Nähe gehen mußten. Jan Willem und seine Familie hatten uns herzlich nachgewinkt. Auch Geerdje. Nur das Enkelkind war damals noch nicht dabei, und die Katze war eine andere. Klar, daß unsere Stimmung 1945 weniger heiter war als 1951.

„Weißt Du noch…?" Nach dem, was wir in Meerkerk sozusagen in letzter Stunde, in letzter Kriegsstunde, gemeinsam erlebt hatten, hätte diese Frage nahe gelegt. Aber Jan Willem fragte zuerst, ob wir am Vortag Zeitung gelesen hätten.

„Nein, warum fragst du?"

Jan Willlem: „Ihr müßt das wissen. Denn was da in der Zeitung stand, macht klar, wie schwierig die Lage zwischen manchen Niederländern und Deutschen ist. In Amsterdam war eine Reisegruppe aus der Schweiz angekommen. Wir wissen ja, daß Gruppen immer ein bißchen laut sind – egal ob es Schweizer, Deutsche, Franzosen, Italiener oder Niederländer sind. Die Schweizer unterhielten sich ziemlich laut. Ihre Sprache aber klang für einige Amsterdamer wie Deutsch. Sie fühlten sich provoziert, suchten Verstärkung, und dann ging's in einer handfesten Schlägerei auf die Schweizer los. Die wußten zunächst nicht, wie ihnen geschah und was die Keilerei sollte. Doch dann haben sie sich gewehrt und ebenfalls kräftig zugeschlagen."

„Waren es vielleicht Graubündner?"

Jan Willem: „Ihr scheint die Schweiz zu kennen. Tatsächlich sollen sie aus Graubünden gekommen sein, von denen ist ja historisch bekannt, daß sie nicht zimperlich sind und zuzulangen wissen. Mindestens zehn Minuten soll die Schlägerei gedauert haben. Dann konnte die Polizei die Streithähne trennen. Bis der Irrtum aufgeklärt war, sind, so schrieb die Zeitung, noch einmal zehn Minuten vergangen. Es gab blutige Nasen und blaue Augen. Den Amsterdamern fiel es nicht leicht, die Schweizer um Entschuldigung zu bitten. Aber schließlich haben sie es doch getan."

„Welche Schlüsse sollen wir daraus ziehen? Sollen wir etwa nicht nach Amsterdam oder Rotterdam fahren?"

Jan Willem: „Unsinn. Aber ich rate euch Folgendes: Ihr könnt doch recht gut Niederländisch sprechen. Macht davon Gebrauch – auch unter euch. Und wenn ihr Deutsch redet, dann macht es nicht so laut und nicht auffallend. Ich halte das alles für dumm. Aber es ist so. Es gibt bei uns – wie in allen Völkern – Leute, die Schlägereien suchen. Aber es gibt auch Menschen, die in allem Ernst zusammenzucken, wenn sie Deutsch hören. Sie sind heute noch nicht fertig mit dem Krieg und seinen Begleiterscheinungen in den Niederlanden."

„Vor ein Paar Monaten waren wir in Frankreich. Da haben wir von solchen Problemen nichts gehört. Für die Franzosen war die deutsche Besatzung bestimmt nicht angenehmer als für die Niederländer. Trotzdem ist die Versöhnung zwischen Frankreich und Deutschland weit fortgeschritten. Was idiotischerweise einmal ‚Erbfeindschaft' genannt wurde, ist vorbei. Es entwickelt sich sogar eine deutsch-französische Freundschaft. Warum ist das hier sehr viel schwieriger?"

Jan Willem: „Ich weiß, daß es so ist, und ich finde es schade. Manchmal habe ich mich schon gefragt, warum es zwischen Deutschland und den Niederlanden nicht genau so oder so ähnlich ist wie zwischen Frankreich und Deutschland. Wenn es nach mir ginge, wäre der Haß, der bei vielen im Krieg entstanden ist, längst durch den Willen zur Versöhnung überwunden. Ich empfinde keinen Haß, nicht einmal Ablehnung gegenüber den Deutschen. Erstens halte ich fortdauernden Haß und Unversöhnlichkeit für dumm. Zweitens habt ihr, als ihr bei uns einquartiert wart, uns bewiesen, daß es Deutsche gibt, die man richtig mögen kann – auch wenn ihr damals in der Uniform der deutschen Wehrmacht gesteckt habt."

„Du machst uns verlegen."

Doch Jan Willem betont, daß er das, was er gesagt hat, ganz ernst meine. Jannie, seine Frau, sehe das genau so. Die nickt Zustimmung und sagt: „Ihr dürft darauf ein bißchen stolz sein; denn ihr habt etwas für das friedliche Zusammenleben getan – einfach dadurch, daß ihr so wart, wie ihr wart."

Wie zur Bekräftigung holt er eine Flasche Wein und sagt: „Ich weiß von damals, daß ihr gern Wein trinkt. Laßt uns über Erfreulicheres reden als über das komplizierte Verhältnis zwischen manchen Niederländern und manchen Deutschen. Wir haben uns doch zu erinnern. Das tun wir bei einem Glas Wein. Es ist ein guter Roter aus Frankreich, eigens für unser Wiedersehen."

Hier schaltete sich die Tochter ein: „Nix da. Der Wein muß noch warten. In den Niederlanden gibt es zur Begrüßung erst mal ein Kopje Koffie mit einem Gebakje." Sie erinnerte daran, daß sie und ihre Familie uns 1945 zu einer Kaffeerunde eingeladen hatten. „Ich weiß nicht mehr, woher wir den Kaffee hatten; er war ja Mangelware. Aber ich weiß noch genau, daß wir mit euch zusammen gesessen haben. Ihr habt uns leid getan, und ihr wart sympathisch."

Das war eine Erinnerung an Ende April/Anfang Mai 1945 – an eine Zeit also, in der deutsche Soldaten nicht mehr als mächtige Besatzer auftreten und keine Ansprüche mehr stellen konnten, sondern froh sein mußten, wenn sie nicht attackiert wurden. In dieser Situation wurden wir bei Jan und seiner Familie zwangsweise einquartiert. Sie mußten Zimmer räumen und uns ertragen. Das haben sie auf eine Weise getan, die größten Respekt und ein Loblied verdiente und bis heute verdient:

Sie haben uns nicht das Leben noch schwerer gemacht, als es damals ohnehin war.

Sie haben uns nicht verspottet und nicht verachtet.

Sie haben uns nicht isoliert und sich nicht abgekapselt.

Sie haben uns als Menschen angesehen und aufgenommen.

Die Zeit war alles andere als schön. Aber die Begegnung mit unseren „Quartiersleuten" in Meerkerk war eine menschliche Bereicherung.

In der Erinnerung an die Tage in Meerkerk wurde Günter feierlich. Er erhob sich und sagte: „Lieber Jan Willem, liebe Jannie, ihr habt eben gemeint, wir dürften ein bißchen stolz sein, weil wir etwas für das friedliche Zusammenleben getan hätten. Danke. Aber dieses Kompliment dürfen und müssen wir in vielfacher Verstärkung zurückgeben. Was hätte denn unsere Bereitschaft zur Friedfertigkeit, Freundlichkeit und Menschlichkeit bewirkt, wenn wir dafür kein Gegenüber, keine niederländischen Partner gefunden hätten? Nichts, gar nichts. Ihr wart offen. Nur gemeinsam mit euch waren das vernünftige Zusammenleben, die Menschlichkeit und am Ende die Freundschaft möglich, über die wir uns so sehr freuen, und die wir heute feiern. Wir hatten kein Risiko zu tragen. Euer Risiko dagegen war groß. Denn ihr mußtet mit Verachtung mancher eurer Landsleute rechnen, wenn ihr mit deutschen Soldaten einen menschlichen

Umgang hattet. Heute danken wir euch für euren Großmut, für eure – ich muß es immer wieder sagen – Menschlichkeit und eure Freundschaft. Darauf, Jan Willem, Jannie und ihr alle, erhebe ich mein Glas. Laßt uns einen kräftigen Schluck auf unsere Freundschaft und auf eine gute Zukunft trinken. Noch einmal: Danke!" – So hatte ich Günter noch nie gehört. Aber es war gut, daß er so geredet hat. Es war eine schöne Rede und eine wichtige – so klein der Kreis auch war.

Geerdje saß mit in der Runde. Sie kam aus dem Nachbarhaus, und sie erinnerte uns an die Frühlingswochen 1945: „wißt ihr noch – damals sind einige von euch abends zu uns rüber gekommen; fast jeden Abend. Ihr beide, Günter und Rüdi, ihr wart immer dabei. Da haben meine Eltern, ihr und ich gemeinsam Rommé oder andere Spiele gespielt. Es war, als ob wir uns schon lange kennen würden und wir vertraut wären. Wir haben um den Tisch herum dicht zusammen gesessen und viel hin und her erzählt. Und wenn ich tagsüber an eurem Haus, am Haus von Jan Willem, vorbei kam und ihr wart zu sehen, dann haben wir uns zugewinkt und ein paar Sätze zugeworfen. Ich erinnere mich sehr gut daran."

„Hattet ihr denn keine Sorgen wegen eurer Landsleute? Haben die dich und euch nicht mindestens schief angesehen, weil ihr mit uns so freundschaftlich wart?"

Geerdje: „Ich habe mir darüber nicht den Kopf zerbrochen. Mit 16! Wenn ihr abends bei uns wart, fand ich das immer schön. Für mich war das, als ob Nachbarn uns besuchten – wart ihr ja auch. Ob ich das, mit 16, auch schön fand, weil ihr junge Männer wart, das kann ich heute nicht mehr sagen. Für meine Eltern war das bestimmt anders. Sie sind manchmal gefragt worden, ob sie neuerdings Freunde der Deutschen geworden seien – ausgerechnet am Ende des Krieges und der deutschen Besatzung. Ich habe einmal gehört, daß meine Mutter geantwortet hat: ‚Was wollt ihr? Das sind junge Männer wie eure Söhne. Sollen wir sie vergiften oder erschlagen? Ihre Mütter und Väter hoffen, daß diese Jungen – es sind doch Jungen – bald nach Hause kommen. Könnt ihr euch das vorstellen? Warum sollen wir nicht mit ihnen reden und normal freundlich zu ihnen sein – gerade am Ende des Krieges? Jetzt, wo sie schwach sind, auf sie herab zu sehen und ihnen Verachtung zu zeigen, wäre kein Zeichen von Mut und Stärke'. Ich weiß noch genau, daß ich damals gedacht habe: ‚Donnerwetter, meine Mutter; das hat sie prima gesagt'. Ich war richtig stolz auf sie. So hatte ich sie noch nie erlebt. Das war doch eine Rede, die ähnlich gut und wichtig war, wie die eben von Günter."

Das war Geerdje. Genau so war sie 1945 – frisch und unbekümmert. Zum Lachen, aber auch zum Nachdenken bereit. Damals 16. Heute 22, eine gut aussehende junge Frau. Sie redete mit uns genau so wie vor sechs Jahren – jetzt freilich mit der Fähigkeit und Bereitschaft zum Kokettieren und zum leichten Flirten aus den Augenwinkeln heraus. Es war schön, ihr wieder zu begegnen.

Geerdje hatte mit ihrer Frage: „Wißt ihr noch?" die Runde der Erinnerungen eröffnet, von der niemand weiß, wann und wie sie endet. „Wißt ihr noch, wie eng ihr drei Wochen lang mit uns zusammenleben mußtet – und wir mit euch?", fragte Jannie. Sie sprach langsam, sozusagen ins Unreine weiter: „Ihr wart unsere erste, Gott sei Dank auch die letzte und einzige Einquartierung. Richtig muß ich ja sagen: Zwangs-Einquartierung; denn wir haben uns nicht freiwillig gemeldet. Wahrscheinlich könnt ihr euch denken, daß wir nicht begeistert waren. Das Ende des Krieges war ja schon mit Händen zu greifen, und trotzdem sollten wir für euch, für Soldaten der wirklich nicht beliebten deutschen Besatzungsmacht zusammenrücken. Das heißt: Eine Macht wart ihr ja schon gar nicht mehr; ihr wart da, und ihr hattet Waffen, von denen wir aber annehmen konnten, daß sie nicht mehr eingesetzt wür-

den. Trotz allem haben wir dann mit euch eine schöne Zeit gehabt. Nein – ‚schön' ist das falsche Wort.
Denn schön war damals doch fast nichts; ausgenommen die Erwartung, daß der Krieg bald zu Ende sein werde. Oder war es vielleicht doch schön, daß wir uns ganz einfach als Menschen begegnet sind und daß daraus Freundschaft wurde? Heute sage ich: Es ist schön, daß wir uns begegnet sind. Ihr habt uns damals mit nichts belästigt. Ihr wart rücksichtsvoll – wie im zivilen Leben. Für uns wart ihr bald, wenn wir über euch gesprochen haben, ‚de Jongens'."

Jan Willem fiel ihr ins Wort: „Auf diese Freundschaft möchte ich jetzt einen Schluck trinken. Auch darauf, daß wir heute zusammen sind, daß ihr uns besucht. Jannie, ich meine, das ist mehr als schön – das ist so etwas wie Glück. Wir sind unter Zwang zusammengebracht worden, unter Zwang sind wir drei Wochen später getrennt worden, und nach mehr als sechs Jahren sitzen wir nun zusammen und freuen uns, daß wir uns begegnet sind. Das ist Glück. Prosit! Und jetzt habe ich Hunger. Jannie, gibst du uns etwas zu essen?"

Natürlich war es ein holländisches Essen. Als Hauptgang servierte Jannie „Gebakken kipp" (gebackenes Huhn) – das bereiten Holländer hervorragend zu – mit appelmoes en gebakken aardappelen (Apfelkompott und Bratkartoffeln). Als Nachtisch gab es Vla; wer das Land schon mal besucht hat, kennt beinahe zwangsläufig diese Mischung aus Schokolade- und Vanillecreme.

Bevor das Essen begann, wandte sich Jan Willem an Günter und mich: „Ich weiß nicht, wie ihr es mit dem Beten haltet. Ich sage jetzt als Tischgebet: „Gott, wir danken Dir für das gute Essen. Und heute danken wir Dir besonders dafür, daß wir am Ende eines schlimmen Krieges Freunde gefunden haben, die jetzt mit uns zu Tisch sitzen. Amen" Günter und ich bestätigten und bekräftig-

ten das Gebet mit unserem „Amen". Und dann wünschte Jan Willem allen „Smakelijk eten" – Guten Appetit.
Da ich nicht nur als Freund, sondern auch als Journalist in die Niederlande eingereist war, wollte und mußte ich einen journalistischen Ertrag mit nach Hause bringen. Deshalb hatte ich, bevor wir unseren Besuch in Meerkerk begannen, in Amsterdam, Rotterdam und Den Haag Gespräche mit Politikern, Wirtschaftlern, Bürgermeistern und Verwaltungsbeamten geführt – ein Nebenprodukt unserer „Freundschaftsreise".

Beim Abendessen in Meerkerk erzählte ich vor allem von einem Gespräch im Wirtschaftsministerium. Ein Staatssekretär hat dort – mit erstaunlicher Offenheit gegenüber einem deutschen Journalisten – einige Sätze gesagt, die sich mir eingeprägt haben: „Wir Niederländer denken viel zu wenig daran, daß wir den Krieg nicht gewonnen haben. Der Krieg hat ja für alle in Europa Trümmer hinterlassen. Wir Niederländer waren zwar im Bündnis mit den Siegern. Aber Gewinn, wirtschaftlichen Gewinn, der unsere Zukunft sichern könnte, haben wir dadurch nicht. Wir träumen vom Schlaraffenland. Manche meinen, wir lebten schon darin. Keiner will wahr haben, daß wir über unsere Verhältnisse leben. Wir verfrühstücken unsere Zukunft, und eines Tages wird uns die Rechnung dafür präsentiert." Das war im September 1951. Die von ihm vorhergesehene Rechnung kam spätestens 30 Jahre danach.

Jan Willem und Jannie hörten aufmerksam zu und schwiegen einen Augenblick. Dann meinte er: „Wahrscheinlich hat der Mann Recht. Ich glaube auch, daß wir Holländer über unsere Verhältnisse leben. Aber wir wollen jetzt keine politischen Probleme wälzen. Von denen hatten wir einen ganzen Krieg lang genug. Jetzt Laßt uns genießen, daß wir zusammen sind."

Beim Abschied nach einer Woche rief Jan Willem uns nach: „Wir dürfen uns nicht aus den Augen verlieren. Meldet euch. Lebt wohl. Tot ziens. Auf Wiedersehen."
Wir haben uns nicht aus den Augen und nicht aus dem Sinn verloren. Mit den Meerkerkern, mit den Schiedamern und mit einem Freund aus Loenen haben wir hin und her schrieben. Bis der letzte Brief zurück kam mit dem Vermerk: „Unzustellbar. Adressat verstorben."

„Schreib über unsere Erlebnisse"

Dem Krieg und dem Haß zum Trotz
Ein Nachwort

An den Freundschaften, die in diesem kleinen Buch beschrieben sind, ist nicht besonders wichtig, ob und wie lange sie Bestand hatten.

Die Weihnachtsmette in Voorburg zum Beispiel war ein Erlebnis, das nur 90 Minuten gedauert hat, vielleicht hundert. Darin geschah das beglückende Empfinden menschlicher Nähe und Verbundenheit in lediglich 15 oder 20 Minuten – es hatte sozusagen nur ein paar Atemzüge Dauer und ist dennoch unvergeßlich und unvergessen.

Andere Begegnungen haben sich zu Freundschaften entwickelt, die über Jahrzehnte in Besuchen und Briefen gepflegt wurden. Wichtig ist vor allem, daß es sie gegeben hat und unter welchen Umständen, unter welchen Bedingungen sie zustande gekommen sind:

Sie waren im Krieg das Gegenteil von Krieg, ein Widerspruch zum Krieg.

Sie sind entstanden gegen die Menschen verachtende Politik des Hitler-Regimes und gegen eine schwierige Stimmung in den Niederlanden.

Sie waren möglich, weil auf beiden Seiten Menschen bereit waren, in einem Menschen zuerst den Menschen zu sehen.

Nicht überall und nicht mit allen, denen wir begegnet sind, war es möglich, aber erstaunlich oft.

Das häßliche Gesicht des Krieges ist absichtlich nicht Gegenstand dieses Buches. Es ist nur der Hintergrund, über den nicht hinweg gesehen werden kann. Deshalb muß – wenn auch nur in wenigen Sätzen – daran erinnert werden. An den Überfall der deutschen Truppen auf das damals neutrale Holland; an Kämpfe in Nordafrika, Italien und Jugoslawien, in Frankreich in der Normandie, an der Ostfront zunächst in der Sowjetunion und später in Deutschland.

Da wurden Freundschaften zwischen Soldaten dadurch brutal beendet, daß einer, der im Kriegseinsatz zum Freund geworden war, plötzlich erschossen da lag. Vielleicht konnte er noch ein paar Sätze flüstern – für die Angehörigen zu Hause oder für den tröstenden und verzweifelten Freund. Da hatte das Wort Freundschaft einen anderen Geschmack.

Trauer und Zorn brachen auf, Wut über den Unbekannten, der den Freund erschossen hat, Mutlosigkeit und Verzweiflung. Und die Frage nach dem Sinn. Warum? Warum er? Warum das alles?

Ob vor diesem Hintergrund Platz war für Freundschaften über die Gräben der befohlenen und praktizierten Feindschaft hinweg, weiß ich nicht. Ich hatte das unbeschreibliche Glück, daß ich nie auf einen Menschen, auf einen Soldaten der anderen Seite schießen mußte und daß kein Freund plötzlich tot neben mir lag – von einem Scharfschützen oder im offenen Kampf erschossen. Dafür bin ich und sind alle, die dabei waren, unendlich dankbar.

„Trotzdem“ – nicht zuletzt dieses Wort hat dazu geführt, Stationen der Freundschaft zwischen deutschen Soldaten und Niederländern zu schreiben. Denn es hat sie dem Krieg, der Feindseligkeit und dem Haß zum Trotz gegeben.

Piet aus Loenen hat mich bei einer Begegnung Mitte der 90-er Jahre gedrängt: „Du mußt schreiben! Über das schwierige Verhältnis zwischen manchen Niederländern und Deutschen, eine bittere Frucht des Zweiten Weltkriegs, über Haß und über Nazis war in den vergangenen Jahren viel zu lesen und zu hören. Viel zu viel. Von Freundschaften nicht. Was ihr hier im Land mit uns erlebt habt, und was wir mit euch erlebt haben, das mußt du schreiben. Vor allem die Jüngeren müssen es erfahren."

Zehn Jahre später habe ich seinen Rat befolgt und seine Bitte erfüllt. Er erlebt es nicht mehr – mein letzter Brief an ihn kam als unzustellbar zurück.

Danke für die Offenheit, für das Vertrauen, für die Freundschaften, die wir in schwierigstem Umfeld erleben durften. Das Buch ist auch ein Dank für dieses Glück.

Die Quellen der Erinnerung an die Stationen der Freundschaft in einem anti-freundschaftlichen Umfeld sind meine Tagebuch-Aufzeichnungen, Korrespondenz sowie Gespräche mit Freunden in den Niederlanden und mit Freunden aus der Nachrichtenstaffel, die das meiste des hier Beschriebenen miterlebt haben; auch Gespräche mit neu gewonnenen Freunden in den Niederlanden.